Yasmin Mai-Schoger

Schmunzelstücke

Gedichte aus dem Alltag

zum Lachen, Nachdenken und Schmunzeln

*Denk groß –
klein machen es die Leute von alleine*

Yasmin Mai-Schoger

Yasmin Mai-Schoger

Schmunzelstücke

Gedichte zum Schmunzeln

Bibliografische Information der Deutschen Nationalbibliothek:
Die Deutsche Nationalbibliothek verzeichnet diese Publikation in der Deutschen Nationalbibliografie; detaillierte bibliografische Daten sind im Internet über http://dnb.dnb.de abrufbar.

© 2020 Mai-Schoger, Yasmin
Herstellung und Verlag: BoD – Books on Demand, Norderstedt
ISBN: 978-3-7519-0677-7

1. Auflage 2020

Schmunzelstücke

Bilder: Yasmin Mai-Schoger

Coverbild: Yasmin Mai-Schoger

Fang'
die Sonnenstrahlen ein,
einfach nur für Dich!
Genieße Wärme, Licht und Schein,
genieß den Tag an sich!
Für einen kleinen Atemzug
hältst du ganz kurz mal inne.
Für diesen einen Augenblick-
für Dich, für Deine Sinne!
Und wenn du dann gekräftigt bist,
durch Wärme, Schein und Licht,
alles wieder einfach ist,
geschärft Verstand und Sicht!

Schick
ein Lächeln um die Welt,
damit die Erde sich erhellt –
Gib Dein schönstes Lächeln weiter,
mach sie strahlend, bunt und heiter -
Ein Lächeln, von Herzen – ganz winzig und klein,
schickt es in alle Ecken hinein!
Ein Lächeln! Und eines nur für Dich –
direkt meinem Herzen es entwich!
Ein Lächeln, für den Rest der ganzen Welt –
damit das Leben leichter fällt!

Hast du
keine Zeit für dich?
Weil wieder mal die Zeit verstrich?
Zu viel? Zu schnell?
Zu hoch? Zu weit?
Es fehlt dir die Gelassenheit?
Schau ob' s wirklich wichtig ist,
was passiert, wenn du's „vergisst"?
Vieles kann man wirklich schieben,
setz dich hin und lass es liegen!

Sonne!
Tanken!
Los!
Die Freude ist jetzt riesengroß!
Alles steh'n und liegen lassen –
Einfach mal kurz treiben lassen!
Schnell!
Raus!
Ausnutzen!
Keine Zeit fürs Fenster putzen!
Ohne Stiefel, Handschuh, Mütze –
Ohne Schnee und ohne Pfütze!
Luft!
Holen!
Nachspüren!
Öffnet Herzen und auch Türen,
Wärme!
Fühlen!
Zulassen!
Augenblick jetzt nicht verpassen!
Genießen!
Freuen!
Auskosten!
Glieder schütteln und entrosten!

Hey du, ja du!

Hey Du, ja Du! Ich meine Dich!
Weißt du, wie viel Zeit verstrich?
Wir haben uns lange nicht geseh'n,
so sollte das nicht weiter geh'n!

Das Leben ist kurz, die Zeit verrinnt,
zu kurz zum Trödeln, wie ich find'!
Freundschaft muss man hegen, pflegen,
denn sie ist ein großer Segen!

Gern würd' ich dich wiederseh'n,
mit dir in der Sonne steh'n,
oder einfach sitzen, schweigen,
still den Kopf zur Seite neigen-
ganz egal was es auch ist,
ja, ich habe es vermisst!

Hey Du, ja Du! Ich meine Dich-
ein Stündchen hast Du sicherlich!
Wir sollten uns mal wiederseh'n,
weil wir uns so gut versteh'n.

Auf ein Gläschen, komm vorbei,
einfach so und nur wir zwei!
Heute, morgen, ganz egal,
ja, das wäre phänomenal.

Zeit für (D)eine kleine Pause!
Ruh' Dich aus und setz' Dich hin
denn ich mir ganz sicher bin
hast für heut' genug getan
„fährst ja ständig Achterbahn"
Fünf Minuten gar nix tun
Füße hoch und und einfach ruh'n
Danach kann es weitergeh'n
schadet nicht, du wirst schon seh'n!

Einfach
kurz die Augen schließen
das was ist, im Jetzt genießen
loslassen, fallen lassen
den Moment am Schopfe fassen
Runterkommen, in sich ruh'n
den Moment mal gar nix tun
einatmen, wahrnehmen
sitzen, spüren, anlehnen
da sein, sich finden
mit der Innenwelt verbinden
ausatmen, ausschalten
still sein, stillhalten

Ein Augenblick,
ein Flügelschlag,
nur 10 Minuten - 3 Mal am Tag.
Einen Moment, ein Atemzug -
10 Minuten sind schon genug!
Einfach mal an gar nix denken,
nicht verbiegen, nicht verrenken.
Seele einfach baumeln lassen,
auf sich selber nur aufpassen.
10 Minuten, 3 mal am Tag,
bitte befolge diesen Rat!

Das Glück,
das liegt zum Greifen nah-
schwirrt um dich rum, seit jeher da.
Mal ist es groß, mal ist es klein-
schwer zu greifen, hat's den Schein.
Doch schau nur hin,
geh nicht vorbei,
zu bieten hat es Allerlei.
Bleibe einfach kurz mal steh'n,
dann kannst du es viel besser seh'n!
Öffne Augen, Herz und Ohr,
vielleicht steht dir das Glück bevor.
Es liegt so nah, vor deiner Tür,
horche, schaue, gucke, spür!
Nicht höher, schneller, weiter
bringt dich auf des Glückes Leiter!
Nimm' dir Zeit,
hör auf dein Herz,
von mir aus schau auch himmelwärts-
das Glück, das liegt zum Greifen nah,
schau dich um, es ist schon da!

Heut' Morgen
bin ich aufgewacht
und habe gleich an dich gedacht.
Ich fragte mich, wie's dir wohl geht-
was dich beschäftigt, dich bewegt.
Ich hoffe doch, es geht dir gut?
Bist voller Hoffnung? Voller Mut?
Ich wünsch' dir einen schönen Tag-
ganz einfach so, weil ich dich mag

Ach hätte ich

Ach hätte ich....
ich wollte doch....
Mensch, hätt' ich nur gemacht -
die Zeit, die ging so schnell vorbei,
viel schneller als gedacht!
Ich dachte schon,
ich hätt' noch Zeit-
Ja, alle Zeit der Welt,
doch leider kam es anders dann,
auch wenn's mir nicht gefällt!
Denn meistens schiebt man vor sich hin,
was lieber gleich getan,
am Ende es dann anders kommt,
ganz anders als der Plan.
Und irgendwann ist es zu spät,
für das, was man gewollt-
zu spät ja meistens leider erst
die große Einsicht folgt!

Ich hab darüber nachgedacht

Ich hab darüber nachgedacht,
was mich froh und glücklich macht.
Die Antwort ziemlich einfach war,
weil ich es klar und deutlich sah.
Es steht nicht still in der Garage,
wächst nicht fern auf der Plantage,
es glitzert nicht an meiner Hand,
ich es nicht bei Gucci fand -
wird nicht genäht, dort in Taiwan,
gehört nicht zu dem Klinkerkram.
Es kommt ganz ohne Streifen aus,
es bringt auch nicht der Nikolaus.
Man muss nicht reisen, fahren, fliegen,
um es zu haben, es zu kriegen.
Es staubt nicht ein, auf dem Regal,
ist nicht aus Chrom und nicht aus Stahl,
Auch einem Trend mag es nicht folgen,
ist nicht silbern und nicht golden.
Es klingelt nicht den halben Tag,
wird nicht gemessen in Karat.
Es trägt kein Stern und prickelt nicht,
und doch das größte Glück verspricht.
So einfach und auch klar,
es stets in meiner Nähe war.

Wer heute
nicht die Sonne nutzt,
stattdessen lieber
wäscht und putzt,
dem sei gesagt, das ist nicht schlau,
denn morgen ist es kalt und grau.
Genieß' die Zeit solang' es geht,
wer weiß, wie schnell
der Wind sich dreht-
dann bringt er Regen, Schnee und Eis,
kannst putzen dann mit größtem Fleiß.
Und ist es morgen doch noch heiter,
nimm's mit Humor und tanze weiter.

Heute
schon an Dich gedacht?
Einfach nur getanzt? Gelacht?
Oder wieder die Welt gerettet?
Die anderen auf Rosen gebettet?
Probleme gelöst und zugehört,
weggeräumt was andere stört?
Allen es abermals recht gemacht?
Wieder nicht an dich gedacht?
Lass einfach mal Fünf gerade sein,
und sage diesmal ganz laut NEIN!
Wer oftmals gibt in seinem Leben,
der muss sich auch mal selber pflegen!

Wer sie sucht

Wer sie sucht,
muss aufwärts geh'n
hoch hinauf, wo nichts mehr blüht
wer sie sucht, muss in sich geh'n
tief hinein bis ins Gemüt
wer sie sucht, muss selbst still sein
denn die Stille Stille sucht
wer sie sucht, sucht meistens mehr
nicht nur Ruhe, Stille, Schweigen
fühlt sich hilflos, matt und leer
Stille soll die Richtung zeigen
In der Stille Antwort liegt
das was war und das was wird
denn die Stille still beschreibt
das was kommt und das was bleibt
Wer sie kennt, meist schon erahnt
welchen Rat sie einem gibt
denn sie stets zum Hören mahnt
wenn man in den Abgrund blickt
Wer sie sucht, der findet sie -
fühlen, spüren, Richtung dreh'n
Wirklich weit ist sie ja nie
Stille gibt dir zu versteh'n

Ich wart nicht bis ich 50 bin

Ich wart nicht bis ich 50 bin,
das kommt mir gar nicht in den Sinn!
Ich nehm' mein Leben in die Hand,
zum Glück habe ich es grad erkannt.
Das Leben nicht unendlich ist,
nicht clever, wenn man das vergisst!

Ich wart nicht bis ich 60 bin,
das kommt mir gar nicht in den Sinn!
Ich trotz dem Muss, entsag dem Schein,
will einfach nur noch glücklich sein.
Das Leben ist zur kurz, zu knapp-
geht nicht bergauf, geht meist bergab!

Ich wart nicht bis ich 70 bin,
das kommt mir gar nicht in den Sinn!
Mach ab heut' nur schöne Sachen:
Singen, tanzen, täglich lachen.
Laufe barfuß durch das Leben,
muss nicht immer alles geben!

Ich wart nicht bis ich 80 bin,
das kommt mir gar nicht in den Sinn!
Genieß das Leben jeden Tag,
mach nur noch was ich gerne mag.
Mir egal was andre denken,
will mich nicht mehr nur verrenken!

Ich wart nicht bis ich nicht mehr bin,
das kommt mir gar nicht in den Sinn!
Ich denke nun auch mal an mich,
das Leben viel zu schnell verstrich.

Und kommt der letzte Herzensschlag,
ich gern zurück dann blicken mag-
mein Leben hatte einen Sinn,
auch wenn ich einmal nicht mehr bin.
Ich hab' getanzt, gesummt, gelacht,
denn so war es ja angedacht!

Ach, wär ich doch

Ach, wär' ich doch
ein Sonnenschein,
ich würde scheinen, scheinen, scheinen.
Ich ließe dich niemals allein,
ich ließ' dich niemals weinen.
Ich würd' auf deiner Wange liegen,
ich gäb' dir Kraft und Zuversicht-
und ließ' die Tränen stets versiegen,
mit meinem hellen, warmen Licht.
Durchdringen täte ich dein Haupt,
auf dass es hofft, vertraut und glaubt.
Und deine Seele tät ich streicheln,
mich still an deine Schulter schmeicheln-
du fühltest dich niemals allein,
in meinem milden Sonnenschein.
Ach, wär ich doch ein Sonnenschein,
ich würd' dir scheinen, scheinen, scheinen.

Hoffnung
welch' wunderschönes Wort
zu finden
an jedem
noch so kleinen Ort.
Zu finden
zu jeder
noch so schlimmen Zeit
Hoffnung
unser stetiges Geleit

Wenn das
Gänseblümchen
schweigt
es dir nicht
die Wahrheit zeigt
wird es Zeit
selbst nachzudenken
lass dein Bauchgefühl
dich lenken!
Auch dein Herz
wird dich begleiten
wird dich lenken
wird dich leiten!
Vertrau auf das
was es dir sagt
sei voller Hoffnung
unverzagt.
Lass' das
Gänseblümchen liegen
denn es ist ja
still geblieben!

Lass uns die Welt
doch schöner machen,
durch ein Lächeln, durch ein Lachen.
Ein nettes Wort oft Wunder bringt,
weil es so viel schöner klingt!
Es braucht nicht viel zum glücklich sein,
ein winziges Lächeln, sei es noch so klein.

Manchmal ist man ganz allein

Manchmal ist man ganz allein,
mit seinem Kummer, Ängsten, Sorgen,
man will dann nicht alleine sein,
nicht heute und nicht morgen.
Die Hoffnung, längst vergangen
an einem solchen Tag,
der Schmerz macht dich befangen,
es bringt dich fast ins Grab!
Doch gib nicht auf, verzage nicht -
es kommen andere Tage
und wenn dann dieser Tag anbricht,
verändert sich die Lage.
Drum halte durch, verzweifle nicht,
die Zeit verrinnt, vergeht -
das Leben noch so viel verspricht,
für jeden der besteht.
Ich schicke dir ein kleines Licht,
es soll dir nun zur Seite steh'n.
Es sagt dir stets: verzage nicht,
der Wind, der wird auch wieder dreh'n!

Heute
schon an die gedacht,
die diese Zeit nicht glücklich macht?
Viele sind jetzt ganz allein,
sitzen traurig, betrübt
und einsam Daheim.
Ein freundliches Wort,
ein Lächeln,
ein Nicken –
einfach kurz in die Augen blicken.
Einfach mal fragen:
Wie geht es dir heut'?
Diese Frage wohl jeden erfreut.
Es braucht nicht viel,
um Glück zu schenken,
einfach nur mal an den anderen denken!

Und die Vögel zwitschern weiter

Und die Vögel
zwitschern weiter,
unaufhaltsam, immer heiter.
Sitzen dort auf ihrem Ast,
ohne Sorgen, ohne Hast.
Hört nur, wie sie zwitschern, singen
und uns damit Freude bringen.
Ach, wär' ich doch ein Vögelein,
säße dort im Sonnenschein-
würde zwitschern, trällern, singen
und Euch allen Freude bringen.
Alles wär' vergessen - für eine Sekunde,
für einen Moment,
vielleicht eine Stunde.
Ich säße dort auf meinem Ast,
ohne Sorgen, ohne Hast.

Es sollte doch Frühling sein

Es sollte
doch Frühling sein...
Er wurde uns genommen.
Ich spüre zwar den warmen Schein,
zu mehr wird es nicht kommen.
Kein Rasten dort im grünen Gras,
der Weg mit Stille ausgefüllt -
ein schneller Gang zum Ziel - das war's,
die Stadt in Schweigen grad gehüllt.
Ohne Ton, es fehlt das Wort,
lautlos, still ist dieser Ort.
Der Frühling zieht an uns vorbei,
ich sehne ihn so sehr herbei.

Ein Engel-
er soll dich begleiten,
er soll dich beschützen,
dich führen und leiten.
Er gibt dir Kraft - er wird dich tragen,
in diesen schweren und steinigen Tagen.
Er wird dir stets zur Seite steh'n,
ihr werdet den Weg gemeinsam geh'n.

Bitte
bitte daran denken -
ein Lächeln kann man immer schenken!
Lasst euch auch in diesen Zeiten
nicht zu „Hass und Neid" verleiten.
Schaut, wie schön die Sonne scheint,
wie alles wächst, blüht und gedeiht.
Auch diese Zeit geht bald vorbei,
dann sind wir alle wieder „frei".
Kopf hoch – weiterleben,
einfach auf sich achtgeben.

Ich wollte Dir nur sagen

Ich wollte Dir nur sagen,
dass ich in diesen Tagen
ganz besonders an dich denk,
dir mein schönstes Lächeln schenk'.
Gedanklich ich dich grad' begleite,
steh' dir gerne auch zur Seite!
Alles wird gut, du wirst schon seh'n,
auch diese Zeit wird bald vergeh'n!
Beide Daumen drück ich dir,
wird schon werden, glaube mir!
Hab' ganz viel Hoffnung und auch Mut-
bald ist alles wieder gut!
Auch dieser Sturm wird weiterzieh'n,
nichts ist jemals wie es schien!

Du lachst, obwohl dir nicht danach ist

Du lachst,
obwohl dir nicht danach ist.
Du lächelst, obwohl du traurig bist.
Du schweigst, obwohl dir nach reden ist,
wenn andere reden, du schweigsam bist.
In deinem Kopf nur gähnende Leere,
du denkst daran, wie es anders wäre.
Die Welt, sie dreht sich einfach weiter,
Stillstand ist dein stiller Begleiter.
Du fühlst dich allein, in der großen Menge,
du fühlst trotz Weite eine bedrohliche Enge.
Du suchst den Weg, doch du findest ihn nicht –
du stehst im Dunkeln, mitten im Licht.
Wenn andere bleiben, willst du lieber geh'n,
du solltest jetzt weiter,
und doch bleibst du steh'n.
Niemand sieht es, wenn du weinst –
weil meistens lächelnd uns erscheinst.
Du lachst, obwohl du traurig bist,
du lächelst, obwohl dir nicht danach ist.

Unwirklich wirkt sie, diese Zeit

Unwirklich
wirkt sie, diese Zeit-
wie auf Leinwand projiziert.
Großes Kino, die Wirklichkeit,
doch fühle ich mich deplatziert.
Ich hab' gehört und auch gesehen,
doch ich kann es nicht verstehen.
Verstehe nicht, was grad' passiert,
bin durcheinander, irritiert.
Unecht alles um mich scheint,
mein Kopf die Wirklichkeit verneint.
Auch diese Zeit vergeht, zum Glück-
dann kommt das alte Leben zurück.

Das Herz

schon nach dem

Frühling greift,

das erste Grün die Seele streift-

alles wartet, ist bereit,

komm' nur, komm'-

es wird jetzt Zeit.

Wer
nicht genießt,
ist ungenießbar!

Wer
immer nur meckert,
motzt und mault,
eines Tages die vergrault,
die einem doch am Herzen liegen,
die einen schätzen, achten, lieben.
Die einem ganz ganz nahe steh'n -
werden irgendwann
mal geh'n.

Nur der Mond sieht meine Tränen

Nur der Mond sieht meine Tränen,
wenn ich weine in der Nacht,
und er weiß von meinen Plänen,
denn ich habe laut gedacht.
Und ich gehe dort im Mondschein,
ganz allein und ohne Hast,
und es hat ganz kurz den Anschein,
als erdrücke mich die Last.
Doch dann schaue ich den Mond an,
atme aus und ganz tief ein,
gehe ganz bewusst den Weg lang,
dort im hellen Mondenschein.
Und dann fühl' ich mich geborgen,
dort im Dunkeln, ganz allein,
und vergesse meine Sorgen,
fühl' mich nicht mehr schwach und klein.
Und so geh' ich frohen Mutes-
ganz vergessen, das was war
und ich fühle nur noch Gutes,
sehe plötzlich alles klar.

Schweigend steht er da!

Schweigend steht er da!
So weit weg und doch so nah!
Strahlend hell in jeder Nacht,
geheimnisvoll, mit so viel Macht!
Magisch zieht er jeden an,
niemand sich entziehen kann.
Unerklärt und doch vertraut,
von oben auf uns niederschaut.
Mystisch Luna um uns kreist,
ein Wohlgefühl er bringt uns meist!
Sein Anblick stets im Wechsel ist,
in seinem Licht die Zeit vergisst.
Ruhig und still, in voller Pracht,
mit aller Kraft er uns bewacht.
Bewundert, bestaunt, geachtet, verehrt,
geheimnisvolle Nacht beschert.
Groß und rund am Himmel lacht,
viele um den Schlaf gebracht.
Du kannst ihn sehen, fühlen, spüren,
öffnet sanft die Herzenstüren!
Schaurig! Harmonisch! Beides zugleich!
Spiegelt idyllisch im dunklen Teich!
Faszinierend! Die Menschheit betört-
er nirgends anders hingehört!
Ein Mythos! Ein Wunder! Voller Magie-
er gibt uns Kraft und Energie!

Ich bin, wie ich bin

Ich bin wie ich bin,
und darf das auch so sein.
Und wer ich bin, weiß nur ich allein.
Die von mir wissen, die kennen mich nicht,
sehen nur die Fassade in meinem Gesicht.
Auch meine Kleidung lässt keinen Schluss zu,
denn niemand erkennt mich
an einem Paar Schuh.
Nur wenige wissen, wer ich wirklich bin –
denn wer schaut denn
schon so genau hin?
Hinter dem Lächeln kann so manches stecken,
ein Lachen kann so vieles verdecken.
Niemand meine Geschichte kennt,
auch wenn er es glaubt, auch wenn er es denkt.
Und doch bin ich dankbar,
für ein bisschen Respekt
denn niemand ist wirklich ganz perfekt.
Jeder so seine Geschichte hat,
drum schaue niemals auf die Leute herab.
Ich bin, wie ich bin, und so darf ich auch sein,
und wer ich bin, weiß nur ich allein.

Steine,
die vom Herzen fallen
Ganz, ganz weit und laut noch hallen
Doch nur Freunde hören sie,
andere bemerken's nie!
Und wenn der Stein gefallen ist,
weiß der Freund,
wie froh du bist!
Es ist, als wär's sein eigener Stein,
er freut sich für dich insgeheim!

Ein großer, dicker, fetter Brocken

Ein großer, dicker, fetter Brocken
liegt grad neben meinen Socken-
ein Kerl von mindestens 4 Pfund,
ziemlich kantig, spitz, nicht rund!
Er lag auf mir, erdrückte mich,
er nicht von meinem Herzen wich!
Wie ein Klotz lag er so da,
meinem Herzen ziemlich nah!
Wuchtig, massig, schwer wie Blei,
den ganzen Tag war er dabei!
Er drückte mir die Röhre ab,
die Luft war manchmal ziemlich knapp!
Das Denken fiel mir furchtbar schwer-
die Last, die quälte mich schon sehr!
Dann gab es einen großen Krach,
die ganzen Nachbarn wurden wach!
Der Stein, er fiel mit großem Lärm,
das Geräusch, das hört man gern!
Der Druck war weg, es schwand das Blei,
ich fühl mein Herz, ich fühl mich frei!
Ein großer, dicker, fetter Brocken,
liegt jetzt neben meinen Socken-
ich lass ihn liegen, gehe weiter,
ohne meinen Wegbegleiter!
Mein Herz ist leicht, mein Kopf ist klar,
ich fühl mich einfach wunderbar!

Wenn Dir mal wieder Steine im Weg liegen, denk einfach
daran, dass sie jemandem vom Herzen gefallen sein
könnten!!!!

Die Sonne scheint,
sie scheint so hell,
so hell scheint sie am Tag-
Kein Wölkchen grad am Himmel steht,
sie scheint schon ziemlich stark.
Die Sonne scheint,
sie scheint so warm,
so warm auf meinem Haar,
sie heiß von oben runter prallt,
sie scheint mir fast zu nah.
Die Luft, sie steht,
sie steht so still,
so still steht sie im Licht,
und wenn der Wind kein Lüftchen bringt,
dann kühlt es leider nicht!
Kein Lüftchen weht,
es weht kein Wind,
kein Wind in meinem Haar.
Es kühlt nicht ab, die Luft sie steht,
der Sommer der ist da!

Singend laufe ich durch's Leben

Singend laufe ich durch's Leben,
fröhlich, glücklich, frei, beschwingt,
frohen Mutes, fast am Schweben
und mein Herz vor Freude springt!

Pock! Kawusch! – es trifft mich kalt,
vom Ohr direkt ins Herz geprallt!
Wusssschhhhh! trifft's mich mit voller Kraft,
ein böses Wort es ganz schnell schafft.
Traurig, trostlos, dunkel, trist,
plötzlich nun mein Leben ist!
Habe nicht damit gerechnet,
warum werd' ich so geknechtet?
Nun fehlt ein Stück aus meinem Herzen!
Kaum ertragbar diese Schmerzen!
Wortlos gehe ich nach Haus',
mach Türe zu, das Licht bleibt aus!
Enttäuscht! Bedrückt und ohne Mut,
mir geht es einfach gar nicht gut!
Weinend singe ich ein Lied,
gut, dass mich jetzt niemand sieht!
Mein Kopf ist heiß, mein Kopf ist leer,
es ist ganz kalt, mein Herz bleibt schwer!

Zum Greifen nah

Das Glück, das liegt zum Greifen nah-
schwirrt um dich rum, seit jeher da,
mal ist es groß, mal ist es klein-
schwer zu greifen, hat's den Schein-
doch schau nur hin,
geh nicht vorbei,
zu bieten hat es Allerlei.
Bleibe einfach kurz mal steh'n,
dann kannst du es viel besser seh'n!
Öffne Augen, Herz und Ohr,
vielleicht steht dir das Glück bevor.
Es liegt so nah, vor deiner Tür,
horche, schaue, gucke, spür!
Nicht höher, schneller, weiter
bringt dich auf des Glückes Leiter!
Nimm' dir Zeit,
hör auf dein Herz,
von mir aus schau auch himmelwärts.
Das Glück, das liegt zum Greifen nah,
schau dich um, es ist schon da!

Erste Falten, etwas Speck

Erste Falten, etwas Speck,
auch das Grau geht nicht mehr weg.
Hängearme, Doppelkinn,
wo sind nur die Jahre hin?
Ohr und Augen werden schlecht
und der Rücken will nicht recht.
Tiefe dunkle Augenringe,
leichtes Krächzen, wenn ich singe.
Ja, ich werde alt und grau,
meinen Augen ich kaum trau.
Ach, was soll's, das ist halt so,
denk ich lächelnd und bin froh,
dass es jedem so ergeht,
ganz egal wie laut er fleht.
Also lass ich's schimpfen sein,
mache mich nicht selber klein,
nehm' mich so, wie ich halt bin,
von der Sohle bis zum Kinn.
Ich sehe das, was einmal war,
überseh' das graue Haar,
bemerke nur die kleinen Falten,
werde sie ja doch behalten.
Ja, ich werde langsam alt,
doch das lässt mich ziemlich kalt!

Bin die Treppe hochgelaufen

Bin die Treppe hochgelaufen,
weiß sogleich den Grund nicht mehr –
erst nach tiefem, tiefem Schnaufen,
stellt sich mein Gehirn nicht quer!
Doch ich wollte noch was machen,
leider fällt es mir nicht ein,
kann mir merken nicht die Sachen,
oft am End' mit dem Latein.
Geh ich dann drei Schritte weiter,
kommt es mir dann in den Sinn –
und dann bin ich wieder heiter,
weil ich weiß, dass ich nicht „spinn"!
War doch sonst immer verlässlich,
womit hab ich das verdient?
Warum bin ich so vergesslich?
Hab getan was sich nicht ziemt?
Leider wird es immer schlimmer,
weiß oft nicht mehr wo was ist,
denn ich habe keinen Schimmer,
weil mein Hirn zu viel vergisst!
Und so schreib ich tausend Memos,
nur damit ich alles weiß,
in der Küche alles gelb schon,
fühl mich wie ein alter Greis!
Und so gehe ich den Weg lang,
einfach so, meist ohne Grund-
ich genieße den Spaziergang,
....
Ende?

Schließt
Türen und Fenster,
lasst keinen Spalt offen,
nur so könnt ihr auf ein Vorbeifliegen hoffen!
Denn wenn sie nur findet das winzigste Loch,
fliegt sie schnell hindurch und findet dich doch!
Sie schießt filigran, stets zielgenau –
Trifft 100-prozentig,
jeden Mann, jede Frau!
Und wenn sie geschossen,
merkst du es sofort –
ein Schmerz fast zum Heulen,
sogleich an dem Ort!
Kannst fast nicht mehr gehen,
nicht sitzen, nicht stehen,
nicht bücken, nicht liegen,
nicht krabbeln, nicht drehen!
Drum schließe die Fenster!
Den Eingang! Die Türen!
Sonst wirst du es tagelang später noch spüren!

Nimm mich so, wie ich halt bin

Nimm mich so, wie ich halt bin,
denn sonst macht es keinen Sinn.
Kannst mich nicht erzieh'n, verbiegen,
werd' Dich immer nur besiegen!
Find´ mich lustig, schrill und toll,
bin genau wie ich es soll;
nicht perfekt, doch liebenswert,
bin im Leben nicht verkehrt,
hab´ ne Delle und zwei Macken
und mein Krönchen 1,2 Zacken.
Spinn oft rum, bin kreativ,
sieh es einfach positiv.
Als ich in Dein Kreis getreten,
plötzlich Fähnchen anders wehten!
Nimm mich so, wie ich halt bin,
bin nicht immer ein Gewinn,
doch Du kannst Dir sicher sein,
bist mit mir niemals allein!
Langeweile kommt nie auf,
Blödsinn mache ich zu Hauff!
Hass mich oder liebe mich,
ändern werde ich mich nich'!
Lasse Dich ja auch am Leben,
denn so ist das Leben eben!

Niemand schaut in mich hinein

Niemand schaut in mich hinein!
Kannst graben, schauen, suchen,
doch innen kann nur ich ja sein,
kannst zehnmal mich verfluchen!

Dein Innerstes auch mir verwehrt,
kein Schlüssel sperrt es auf.
Wenn Du mir nicht den Code verrätst,
ich gegen Sperren lauf!

Drum lass uns tauschen unsren Key –
für Herz, Gefühl, Verstand –
am Ende lern' wir beide draus,
wir haben es erkannt!

Verrat es nicht, was ich dort find –
in meinem ganzen Leben,
behalt es auch für Dich mein „Kind",
es bringt uns beiden Segen!

Das Leben noch viel schöner ist,
kann man sein Inn'res teilen,
am liebsten ich bei Dir es wüsst',
darfst ewig drin verweilen!

Brauche nicht zehn-1000-Leute

Brauche nicht Zehn-1000-Leute,
nicht bei Facebook, nicht in echt,
denn es geht hier nicht um Beute,
mancher sammelt regelrecht.
Wahre Freundschaft muss man pflegen,
ist nie Einbahnstraße nur,
gute Freunde sind ein Segen,
wirken oft wie eine Kur!
Manchen hab ich schon seit Jahren,
auch wenn ich „ihn" lange nicht seh –
und „den" will ich mir bewahren,
ganz egal, wohin ich geh'!
Brauche keine neuen Kreise,
bin zufrieden wie es ist,
werd' im Alter langsam weise,
bin kein Freunde-Lagerist!
Freunde kennen meine Macken,
mögen mich, so wie ich bin,
brechen niemals meine Zacken,
mögen mich, auch wenn ich spinn!
Dankbar bin ich und zufrieden,
weil ich solche Freunde hab,
hab bewusst mich hier entschieden,
ich das nicht nur einfach sag!
Nur 3..4 braucht es im Leben,
doch die woll'n es dann auch sein,
nicht von Tausenden umgeben,
einfach so, oft nur zum Schein!

Brauche keine hundert Schuhe

Brauche keine hundert Schuhe,
die ich an 2 (!) Füße tue!
Auch kein Auto, nagelneu–
ich mich über meines freu'!
15 Jahre, doch es läuft –
Kilometer angehäuft.
doch es fährt von A nach B,
ich das alles locker seh'.

Auch mein Häuschen ist ganz klein,
doch ich freu' mich, es ist mein!
Habe alles, was ich brauche,
ich nicht trinke oder rauche.
Schickimicki steht mir nicht,
Firlefanz nimmt mir die Sicht.

Schnickschnack hab ich aussortiert,
Krimskrams gleich mit abmontiert.
Mein Haus, mein Auto, mein Garten, mein Boot,
bei diesen Floskeln seh' ich rot!

Ich bin zufrieden, leb im Jetzt!
Hab' mein Leben stets geschätzt!
Kladderadatsch bringt mich zum Lachen,
trenn' mich von den ganzen Sachen!

Trink Muckefuck statt kalten Sekt,
einfach so! Weil es mir schmeckt!

Kauf beim Bäcker um die Ecke –
bei der Vielfalt ich erschrecke!
Muss das alles wirklich sein?
Es will nicht in meinen Kopf hinein!

Lass die Kinkerlitzchen liegen,
bin auf „einfach" umgestiegen!
Mein Techtelmechtel mit dem Leben
lässt mich nach dem „Leichten" streben!

Verzichte auf das Larifari,
brauch kein Schmuck und kein Ferrari!
Holterdiepolter bin ich alt,
ruckzuck vorbei der Aufenthalt!
Ratzfatz steh ich am weißen Tor
und hol mein Kuddelmuddel vor -
mit ohne nix tret' ich dann ein-
im Herzen nur den Sonnenschein!

Sitze bei Kaffee' und Kuchen

Sitze bei Kaffee' und Kuchen,
kann die ganze Welt mich suchen.
Verkrieche mich im weißen Schaum,
das war immer schon mein Traum!
Jeder Schluck bringt Lebensglück,
und daneben steht das Stück,
das große Stück vom leck'ren Kuchen,
werde ich sogleich versuchen!
Sonnenschein auf meinem Rücken,
nichts kann mich da mehr verzücken!
Genieß' das grad in vollen Zügen,
alles Andre muss sich fügen!
Bleibe noch ein Weilchen sitzen,
kann ja später weiter flitzen.
Den Kaffee' schon längst getrunken,
immer noch im Traum versunken!
Nur ein Krümel noch im Teller,
Welt dreht sich gleich wieder schneller.
Zeit ist um, Kaffee' ist leer,
kann nicht sitzenbleiben mehr.
Hab genutzt die kleine Pause –
mache nun die große Sause.
Welt dreht weiter, ich dreh mit,
bin jetzt endlich wieder fit!
Morgen komm ich sicher wieder,
setze mich ein Stündchen nieder.
Stündchen mit Kaffee'und Kuchen,
weißt ja, wo Du mich musst suchen!

So steht er nun vor mir

So steht er nun vor mir,
so schwarz und so heiß,
ich kann's kaum erwarten,
es ruft mich ganz leis'!
Ein Krönchen aus Schaum blickt zu mir empor,
ich strecke genüsslich die Nase empor!
Ein Duft, ungefiltert, voller Harmonie,
ich spüre die Sehnsucht, bin voll Euphorie-
Mein Mund küsst die Bohne,
ich werde ganz schwach-
ich spüre das Glück, ich werde jetzt wach!
Es rinnt mir die Kehle ganz langsam hinab –
ich bin nicht mehr müde,
ich bin nicht mehr schlapp!
Ein Schluck von dem goldenen, milden Getränk,
ein hoch auf den Mokka, ein schönes Geschenk.
Nur Gustav der Dritte schätzte dich nicht –
er setzte dich gänzlich in ganz schlechtes Licht.
Ach, wären nur alle Früchte so fein,
verlockend, geschmackvoll und köstlich im Sein.
Ich riefe sie täglich zu mir an den Platz,
ich würde ihn hüten, den köstlichen Schatz!

Rabenschwarz und mausestill

Wenn's dunkel wird, wird's rabenschwarz,
wird's rabenschwarz zur Nacht -
die Stund' zur Nacht bricht schnell herein,
der Mond dann nur noch wacht.

Wenn's dunkel wird, wird's mausestill,
wird's mausestill zur Nacht -
die Stund' zur Stille bricht herein,
die Eule nur noch lacht.

Wenn's dunkel wird, wird's bitterkalt,
wird's bitterkalt zur Nacht –
die Stund' wo's kalt, bricht schnell herein,
wenn's niemand hat bedacht.

Wenn's dunkel war, wird's hell blitzschnell,
wird's blitzschnell hell zum Tag,
die Stund' wo's Licht bricht schnell herein,
die Sonne ihres tat.

Diese hässlichen kleinen,
grauen, gemeinen,
die sich sammeln, verstecken,
die Ecken verdrecken.
Kannst fegen und putzen,
den Schrubber benutzen,
diese hässlichen kleinen,
fiesen, gemeinen
stets sich vereinen
und bring' mich zum Weinen!
Hilft nur ignorieren,
Verstand nicht verlieren,
kannst täglich sinnieren,
dein Lächeln einfrieren.
Diese hässlichen kleinen,
grauen, gemeinen
wirst täglich sie finden,
sie niemals verschwinden!

Täglich fängt es von vorne an

Täglich fängt es von vorne an-
am Ende dort, wo es begann!
Putzen, waschen, Einkauf, fegen,
bügeln, kochen, Wäsche legen -
immer wenn man fertig ist,
fängt von vorne an der Mist-
Täglich! Stündlich,! Widerwärtig!
Endlosschleife, niemals fertig.
Gerade geputzt, gibt's wieder Dreck-
ich es langsam nicht mehr check!
Verfolgt von Fussel, Haaren, Staub,
mir den letzten Nerv es raubt!
Wienern, wischen, schrubben, kehren,
kann mich nicht dagegen wehren.
Scheuern, reiben und polieren,
da hilft nur eines: ignorieren!
Jeden Tag der gleiche Scheiß,
ja, es muss sein – ja, ich weiß!
Habe gerade alles geputzt,
dreh' mich um: alles verschmutzt!
Doch damit ist für heute Schluss,
für morgen noch was da sein muss!
Den Lappen leg ich aus der Hand,
sitz' auf dem Sofa, ganz entspannt.
Der Schmutz, der läuft ja eh nicht weg,
nicht der Staub und nicht der Dreck.
Es holt mich immer wieder ein,
niemals wird's lang sauber sein!
Morgen werd' ich weiter machen,
für heute gibt's nur schöne Sachen!

Hab' vor 4 Wochen die Schränke geputzt

Hab' vor 4 Wochen die Schränke geputzt,
hab' einen Anfall von Putzwahn genutzt.
Ich schrubbte und wischte und saugte auch raus,
ich machte dem Schmutz
ganz schnell den Garaus!

2 Tage lang glänzte und blitzte es,
da lohnte der Aufwand, da lohnte der Stress!
Das ganze Haus roch nach Zitrone-
in Essig-Lavendel-Duft tagelang wohne.

Ich dachte, ich hätte nun ganz lange Ruh'
und machte beruhigt die Schränke zu.
Heut' stehe ich hier und koch' vor mich hin,
da dämmert es mir, es hat keinen Sinn!

Jetzt steh' ich fast weinend vor meinem Herd-
das Putzen war es wieder nicht wert!
Ich koche nicht mehr, das ist nun mein Plan,
dann gibt's auch kein Dreck auf dem Porzellan!

Und backen werde ich dreimal im Jahr,
damit ich mir das Putzen spar!
Von heut' an gibt's Döner und trockenes Brot,
in meiner Küche herrscht Ess-Verbot!

Und wenn die Sonne zum Fenster reinguckt,
der Daumen gleich am Rollo zuckt,
im Dunklen sieht man es ja nicht-
drum lösche ich sogleich das Licht!

Ok, das war ja nur ein Scherz-
ich warte bis zum nächsten März.
Bis dahin sitz' ich's einfach aus –
gelernt hab ich ganz viel daraus.

Ich gehe jetzt einen Kaffee trinken –
lass morgen meine Küche blinken!
Denn Picobello bleibt es nie,
ich lieber jetzt ins Café flieh'!

Weil bei mir der Aufschrei fehlt

Weil bei mir der Aufschrei fehlt,
heißt es nicht, dass mich nichts quält.
Nur weil keine Tränen laufen,
liegt bei mir kein Scherbenhaufen.
Weil ich hier stark vor dir steh,
heißt es nicht, mir tut nix weh.
Nur weil ich zu Dir nichts sage,
alles ist in Lot und Waage.
Weine ohne großen Ton –
jeder weiß, ich mach das schon.
Lächle stets dir ins Gesicht,
wie's in mir aussieht, weißt du nicht.
Ziehe an mein bestes Kleid –
äußerlich gelassen bleib,
schmeiße noch schnell Schminke drauf,
atme durch, beginn den Lauf.
Erst nach Stunden schmiert die Schminke,
wenn ich in mein Sofa sinke,
Ein großer Star im Schauspielhaus,
ohne Gage und Applaus!

Andere wissen,
was gut für dich ist!
Wissen besser, wer du bist!
Kennen Dein Ziel, sehen Dein Weg-
Wissen, wie es um Dich steht!
Sie haben immer einen Rat,
jederzeit für dich parat.
Sie kennen Deinen größten Traum,
für dich sie in die Zukunft schau'n.
Lächle still und lass sie reden-
sie müssen nicht dein Leben leben!
Was Dir gut tut, weißt nur Du,
schließe Deine Ohren zu.
Verfolg' Dein Ziel, geh' Deinen Weg-
sonst ist es irgendwann zu spät!

Nachts liege ich wach

Nachts liege ich wach,
bin unruhig und schlaf nicht-
sie spiel'n mit mir Schach,
das geht bis die Nacht bricht.

Sie spielen und fliegen
und tanzen und wiegen,
ich brech' gleich entzwei,
die Gedanken sind frei.

Es sind über Tausend,
sie schwirren aufbrausend,
ich komm nicht zur Ruh',
denn sie kennen kein Tabu!

Wenn einer will schweigen,
die andren hoch steigen,
der Wind nimmt ihn mit,
stundenlang sind sie fit.

Sie huschen und schweben,
sie kreisen und reden,
geht das nie vorbei?
Die Gedanken sind frei!

Bin immer noch wach,
komm niemals zur Ruhe,
sie machen nur Krach,
treiben mich in die Schuhe.

ich denke, ich grüble,
zähl Schafe im Stüble.
Es ist schon nach drei –
Die Gedanken sind frei!

Laut „Stopp" ich nun denke,
die Gedanken nun lenke -
abrupt herrscht dann Stille,
denn das ist mein Wille.
Kein Rauschen, kein Flüstern,
kein Toben, kein Wispern –
ich bin endlich frei – nun ist es vorbei!

Müde fall ich auf mein Kissen

Müde fall ich auf mein Kissen,
werd' dem Tag ja gleich entrissen –
fühle schon Entspannung pur,
schnarche gleich in Moll und Dur!
Dreh mich auf die andre Seite,
dass ich in den Traum gleich gleite-
warte auf den tiefen Schlaf,
zähle schon das x-te Schaf!
Dreh mich noch mal auf den Bauch,
manchmal etwas länger brauch!
Gucke kurz mal auf die Uhr –
gleich um 2, was soll das nur?
Dreh mich wieder auf den Rücken,
versuch die Zeit zu überbrücken.
Gedanken kreisen immer schneller,
drehen sich wie ein Propeller.
Ja, an Schlaf ist nicht zu denken,
muss mich irgendwie ablenken.
Atme ein und atme aus –
alle schlafen schon im Haus!
Leider ist es gleich um 3,
Nacht für mich dann wohl vorbei!
Bis um 4're lieg ich wach,
hab kein Auge zugemacht!
Schaue aus dem Fenster dann,
ich den Grund erahnen kann!
Am Himmel steht in ganzer Pracht
und ist ganz rund in dieser Nacht.

Er scheint so hell und wunderbar,
zauberhaft und ganz ganz klar!
ER lässt mich nicht zur Ruhe kommen,
hat mir den tiefen Schlaf genommen!
Um 5 schlaf ich dann endlich ein,
weil dunkler wird sein heller Schein!
3 Stunden schlaf ich tief und fest,
in meinem schönen warmen Nest!
So sehr ich auch den Mond sonst mag-
verfluche ihn am nächsten Tag!

Heute Nacht, da bleib ich wach

Heute Nacht, da bleib ich wach,
um zu gucken, ob es stimmt
und dann schau ich einmal nach,
ob die Zeit hier anders rinnt!
Schon seit Jahren stell ich fest,
2,3 Stunden fehlen hier,
heute mache ich den Test,
weil ich's einfach nicht kapier!
Abends schließe ich die Augen,
7 Stunden rechne ich,
ja, das kann ich mir erlauben –
sollte reichen unter'm Strich.
Ich genieße dann die Stille,
kuschel mich ins Kissen rein,
größer wird schon die Pupille,
ganz bestimmt schlaf ich gleich ein!
Tick Tack, Tick Tack - gleich um 10,
noch die Zeiger richtig dreh'n.
Langsam rutsche ich hinüber –
in den wunderschönen Traum,
hoff', es geht niemals vorüber,
will den Traum noch lange schau'n.
Tick Tack, Tick Tack – gleich um 2,
noch ist alles fehlerfrei.
Ruhig und still lieg ich im Kissen –
genieß' den friedlichen Moment,

bin der Wirklichkeit entrissen,
bin vom Leben abgetrennt.
Tick Tack, Tick Tack – gleich um 4,
alles richtig, glaube mir!
Plötzlich schrillt es laut im Zimmer,
nein, das kann doch gar nicht sein!
Ja, so geht es leider immer,
viel zu kurz, das ist gemein.
Wieder fehlen 2,3 Stunden –
nachts der Zeiger schneller ist,
hab den Grund noch nicht gefunden,
weiß ja nicht, wie man das misst.

Der Wecker, er klingelt

Der Wecker, er klingelt, wie kann das nur sein?
Ist denn schon Montag?
Ich könnte laut schrei'n!
Kriege kaum die Augen auf,
doch der Tag nimmt seinen Lauf.
Bis zum Abend schaff ich's kaum,
der Montag, der Horror, es ist das Grau'n!

Am Dienstag dann das gleiche Spiel,
irgendwie ist alles zuviel!
Meine Augen braun umrandet,
bin im falschen Film gelandet.
Irgendwann der Tag dann rum,
ich bin müde, dösig, stumm!

Am Mittwoch sieht's nicht besser aus,
trau mich kaum noch aus dem Haus.
Quäle mich, egal wohin,
frage mich stets nach dem Sinn.
Soll das wirklich alles sein?
Hör mich sagen ganz laut „Nein"!

Der Wecker klingelt, Donnerstag –
fast der Freitag ja schon naht.
Schleppe mich von Stund' zu Stund',
das ist sicher nicht gesund!

Müde bin ich, Tag für Tag –
egal wann ich im Bette lag!

Endlich Freitag! Fast geschafft,
noch gebe ich mich launenhaft.
Zähl' ab morgens schon die Stunden,
hab es fast schon überwunden.

Ach, wie schön, das Wochenende,
jetzt kommt endlich eine Wende.
Schlafen, faul sein und nix tun,
Zeit zum Liegen und zum Ruh'n.

Samstag, Sonntag brauche ich,
sonst schaff' ich die Woche nich!
Kaum mach ich die Augen zu,
sind die Tage rum im Nu!
Die zwei Tage niemals reichen,
glaub' ich muss den Montag streichen.
Ach, wenn das so einfach wär,
wär das Leben nicht „so schwer".

Zu viel Wissen ist beschissen!

Sorgenvoll

liegt man im Kissen –

Besser schläft's sich ohne Wissen!

Aus dem Schlaf

sonst hochgerissen!

Es gibt Tage,
man könnte verzichten

Es gibt Tage, man könnte verzichten!
Ein einziger Tag kann alles vernichten!
Alles geht schief! Nichts gelingt-
Dieser Tag nur Unheil bringt.
Nichts läuft rund, nichts geht glatt,
schon morgens geht es stets bergab!
Mit dem falschen Bein begonnen,
gleich die Hoffnung dir genommen.
Was man anfasst, geht dann schief,
alles heute negativ!
Der Wurm ist drin, er frisst und frisst,
bis der Tag zu Ende ist.
Fettnapf, Nesseln - alles drin,
heute ist es wirklich schlimm!
Vom Pech verfolgt, vom Glück verlassen,
fängt man an den Tag zu hassen!
Einfach wieder schlafen geh'n!
Besser gar nicht erst aufsteh'n!
Decke bis zum Kinn hochzieh'n,
lieber vor dem Elend flieh'n!
Mies! Verkorkst! Und blöd gelaufen,
einfach nur zum Haare raufen!
Rabenschwarz er endlich endet,
sicher sich das Blatt jetzt wendet.
24 lange Stunden,
endlich sind sie überwunden.

Keine Zeit

Wenn ich alt bin, geht's auf Reisen,
nächsten Monat mach ich Sport,
nächstes Jahr ess ich bewusster,
morgen schmeiß ich alles fort.
Gleich danach brech ich das Muster,
in 2 Jahren hör ich auf,
später muss ich auf mich achten,
ich dann öfter wieder lauf'.
Wenn's nicht regnet, werd ich starten,
wenn's mal warm ist, aber dann –
heute passt's nicht in den Ablauf,
erst am Sonntag ich dann kann!
Doch am Sonntag will ich ausruh'n,
Montag hab ich keine Zeit –
bin bis Freitag stark beschäftigt,
ja, dass tut mir aber leid!
Als ich jung war, war's zu blöd mir
und danach war viel zu tun-
dann vergessen, war nicht wichtig –
kurz gesagt, ein dummes Huhn.
Morgens bin ich noch zu müde
und im Herbst, da fällt das Laub,
irgendwann, ich will mal schauen,
wann ich mir ein Stündchen raub'!
Erst nach Jahren werd ich's merken,
wenn der Mond scheint hell und rot.
Aber leider wird's so kommen,
er kommt plötzlich, bin zu tot.

Stopp! Halt! So geht das nicht!

Stopp! Halt! So geht es nicht!
Ich steh' mir im Weg,
nehm' mir selbst die Sicht!
Habe vergessen, an MICH zu denken,
ließ mich zu sehr von anderen lenken!
Sagte zu schnell „Ja und Amen",
egal was sie fragten, egal wann sie kamen.
War immer für alle anderen da,
tagein, tagaus und Jahr für Jahr.
Ich hörte stets zu und packte mit an,
nichts war mir zu viel, zu schwer, zu lang!
Stopp! Halt! So geht es nicht!
Ich steh mir im Weg,
nehm' nur mich in die Pflicht!
Doch damit ist ab heute Schluss-
jetzt, sofort es enden muss!
Ja, so - so kann es nicht weitergeh'n,
ich muss auch nach mir selber seh'n.
Sage nun auch manchmal „NEIN",
lass' in Zukunft „Fünf gerade sein".
Gebe nun auch auf MICH acht,
habe gar nicht daran gedacht!
Ein letztes Mal drehe ich mich um,
ich war naiv und ziemlich dumm.
Ich blick nach vorn und gehe weiter,
bin ausgelassen, froh und heiter!

Der erste Schritt, nur der ist schwer

Der erste Schritt, nur der ist schwer,
wenn's erst mal läuft, geht noch viel mehr.
Ein Wölkchen mal am Himmel steht,
ein andres Mal ist's schon zu spät.
Am nächsten Tag hast keine Lust,
am Montag Du was machen musst.
Erst willst' noch was zu Ende bringen,
musst stets auch mit der Zeit ja ringen.
Am frühen Abend geht es nicht,
am späten Abend fehlt das Licht,
am Mittag fällst ins große Loch,
auch zum Nachbarn musst Du noch.
Zu jung! Zu klein! Zu früh! Zu weit!
Auch geht es nicht, wenn es mal schneit.
Zu hoch, zu nass, zu warm, zu kalt–
und plötzlich bist Du viel zu alt!
Man findet immer einen Grund,
mal ist's die Frau, mal ist's der Hund!
Geh los, pack's jetzt, fang erst mal an;
der zweite Schritt folgt gleich so dann!
Und wenn's mal läuft, läuft's ganz allein,
es hindert weder Stock noch Stein.
Nimm Dein Leben in die Hand,
sonst stehst Du irgendwann am Rand.
Zu jung, zu weit, zu groß, zu schwer –
wer kann es ändern? Sag mir wer?
Nur Du allein, so ist es halt,
sonst bist Du irgendwann zu alt!

Die „Payback-Card" find ich genial

Die „Payback-Card" find ich genial,
drum führe ich sie ein,
die Quittung folgt stets zum Quartal,
kannst punkten ganz allein!
Wer freundlich, nett und hilfsbereit,
der sammelt dort ganz schnell,
belohnt wird auch die Ehrlichkeit,
und der, der originell!
Gepunktet wird in Form von Zeit,
man kann sie leicht bekommen.
Wer gütig, lieb – der bringt es weit,
wer nicht, dem wird's genommen!
Doch Vorsicht! Karten gibt es nicht so viel,
nicht Jeder kann sie haben,
praktisch - dieses Utensil,
musst einfach danach fragen.
Wer höflich, liebenswert, charmant,
der hat sie dann fürs Leben,
wer taktlos, kühl und arrogant,
muss sie zurück dann geben!
Ein Freundschaftsupgrade gibt es dann,
wenn man sehr herzlich war,
man es sich leicht verdienen kann,
es folgt ein „Honorar"!
Als Bonus gibt es Herzlichkeit,
Geduld und Empathie –
Ein gutes Wort und Ehrlichkeit,
Verständnis, Harmonie!

Meine Fäuste wollen fliegen

Mein Kopf der grübelt, raucht und rattert
mein Herz es springt, bleibt steh'n und flattert

Meine Fäuste wollen fliegen
wollen jetzt Gerechtigkeit
doch sie ruhig am Körper liegen
denn zum Glück bin ich gescheit

Meine Worte woll'n verletzen
viel zu tief sitzt mir der Groll
doch ich lass' sie nicht zerfetzen
was zerfetzt nicht werden soll

Meine Blicke wollen töten
trifft es dich, so ist's zu spät
doch es ist ja nicht von Nöten
so mein Herz mir leise rät

Meine Tränen wollen fließen
ganz gestaut, schon Überdruck
das Ventil das werd' ich schließen
ich nur mit der Wimper zuck'

Meine Augen wollen sehen
dass da doch noch Hoffnung ist
und sie scheinen auch zu flehen
dass der Richtige du bist

Meine Beine wollen schleichen
fort von dem, was vor mir steht
doch mein Herz lässt mich nicht weichen
hofft darauf, dass es vergeht

Meine Hände wollen schlichten
bieten dir den Frieden an
doch du willst jetzt das vernichten
was man doch noch retten kann

Und mein Herz? Das will doch lieben
lieben den, der vor mir steht
ach, was hat uns nur getrieben,
dass die Liebe jetzt vergeht

Nur bei dem,
der selbst betroffen,
kannst du auf Verständnis hoffen!
Nur wer es
hat selbst gespürt,
bei dem zu Empathie es führt!
Nur wer einmal
„dort" schon war,
versteht dich wirklich und sieht klar!
Nur wer ähnlich
hat „erlebt",
ganz und gar dich auch versteht!

WhatsApp hat mein Leben bereichert

WhatsApp hat mein Leben bereichert,
meine Gedanken und Fotos gespeichert-
mich verbunden mit meinen Bekannten,
mit all meinen Freunden und den Verwandten!
Ich nehme teil an ihrem Leben,
kann so meine Kontakte pflegen!
Bin dabei auf jeder Reise,
bin mittendrin in diesem Kreise!
Nimm sie mit in meine Welt –
schick Fotos wenn mein Leben fällt.
Teile mit, wie's um mich steht-
schreibe oft wie es mir geht!
Reagier, wenn du mich brauchst,
fluchst, weinst oder fauchst.
Niemand ist jetzt mehr allein-
kannst direkt gleich bei ihm sein!
Irgendwer hat immer Zeit,
verbreitet oftmals Heiterkeit.
Mit Sprüchen, Bildern , Kommentaren,
man meint, man wäre mitgefahren.
Morgens oft ein Lächeln schon-
wenn summt am Bett das „Telefon".
Trag Dich immer nah am Herzen-
weinend, lachend und am Scherzen.

Ich halt die Taste fest gedrückt

Ich halt die Taste fest gedrückt,
die Zeit bleibt plötzlich steh'n,
genieße diesen Augenblick,
ach, würd' er nie vergeh'n!

Und weil es mir so gut gefällt,
das Murmeltier lässt grüßen,
hab' ich auf Anfang umgestellt,
so lässt sich viel versüßen!

Doch Obacht, falls es brenzlig ist,
dann schalt ich schnell mal weiter,
und wenn es grad' auch grau und trist,
dann wird es plötzlich heiter!

Wenn jemand böse, fies, gemein,
drück ich schnell auf die drei,
mach gleich den nächsten Sender rein!
Der Spuk sogleich vorbei!

Auch nützlich, wenn es ungerecht
in dieser Welt mal wieder,
dann kommt der grüne Knopf ins Spiel,
ich press ihn einfach nieder!

Im Notfall komm' die Akkus raus,
ich schmeiß sie an die Wand,

dann endlich Ruhe hier Haus,
vielleicht im ganzen Land!

Ach, hätte ich doch nur „die Macht",
ich gäb' sie nicht mehr her,
ich wählt' die Knöpfe mit Bedacht,
wär hilfsbereit und fair!

Die Welt wär stets im Gleichgewicht,
welch' herrliche Idee.
Doch leider gibt es „so was" nicht,
und stürmisch bleibt die See!

Ich spare mir das viele Geld

Ich spare mir das viele Geld,
fahr in Gedanken um die Welt!
Schaue mir nur Bilder an,
so ich am besten reisen kann!
Bleibe im Warmen, bleib' zu Haus',
geh' nicht vor die Türe raus.
Schlafe gern in meinem Bett –
finde meinen Garten nett.
Esse das, was ich gern will,
genieße wenn es um mich still!
Brauche keine Abenteuer,
Reisen ist mir nicht geheuer!
Bin schon viele Mal verreist,
doch war ich unzufrieden meist.
Fahrt zu lange, Service schlecht,
hab's versucht, ich wollte – echt!
Glücklich bin ich nur zu Hause,
mache gerne hier 'ne Pause –
lebe hier in Saus' und Braus',
kenne mich im Städtle aus!
Freu' mich an den kleinen Dingen,
möchte hier den Tag verbringen!
Nützt mir nix, wenn ich verreise,
keine Reiselust aufweise!
Sitz mit Buch auf der Terrasse,
schrecklich ungern sie verlasse!
Brauch nicht viel zum glücklich sein,
fühl mich wie ein Vögelein!

Mach es mir im Nest gemütlich,
geh nicht östlich, geh nicht südlich!
Trinke Kaffee, esse Kuchen,
muss mein Glück nicht lange suchen!
Muss nicht in die weite Welt,
weil es mir hier gut gefällt!
Doch schickt mir weiter was ihr seht,
egal von wo, egal wie spät –
ich freu' mich über eure Reisen,
schickt vom Meer, vom Strand, von Speisen –
mir ist, als wenn ich bei Euch wär,
ich schmeck' den Sand und riech das Meer!
Ich war schon auf der ganzen Welt!
So das Reisen mir gefällt.

Natürlich kannst es Scheiße finden

Natürlich kannst es Scheiße finden,
doch eigentlich geht's Dich nichts an!
Du kannst Dich ärgern, schreien, winden,
es zieht Dich tief in seinen Bann.
Sei wütend, steigere dich rein –
Polter los, fang an zu schrei'n....

Sieh nur Dich, auf dieser Welt,
du weißt ja, wer am meisten bellt.....
versuch es ja nicht zu versteh'n,
die Wut, die könnte ja vergeh'n,

Lern niemals aus dem alten Fehler,
rupf ihm nur aus, die letzte Feder!
Zähl nie bis drei, beruhig Dich nicht,
nimm den andren in die Pflicht.

Der Fehler liegt bestimmt bei ihr,
auch der Anfang nicht bei Dir!
Natürlich bist nur Du im Recht –
dein Gegenüber grottenschlecht!

Die Weisheit hast nur Du gefressen,
das hatte ich schon fast vergessen!
Gib ihn mir, den Schwarzen Peter!
Klären tun wir das mal später!

Fordere stets Toleranz,
was andre machen – Firlefanz!
Es zählt nur das, was Du Dir denkst-
das Weltgeschehen Du stets lenkst!

Jeder muss Dich stets versteh'n,
unterstützen, mit Dir geh'n.
Im Recht ist, wer am lautesten schreit,
wer tritt und spuckt, kommt sehr, sehr weit!

Wer schlägt, versohlt und unterdrückt,
bestimmt von sich ist sehr verzückt!
Doch innendrin ein armes Schwein,
immer einsam, ganz allein!

Nicht voll Liebe, ohne Blick –
die Pupille einen Knick!
Am Ende wird dann aufaddiert,
mal sehen, wer zum Schluss verliert!

Nicht die Geschenke-Größe zählt

Nicht die Geschenke-Größe zählt,
nur ob man es mit Herz erwählt!
Ein kleines Gutsle völlig reicht,
man damit gleich das Herz erweicht.
Es muss nicht tausend Euro kosten,
es reicht auch was vom Sonderposten!
Wer seine Lieben wirklich kennt,
der hat ein besseres Präsent:
Ist für sie da, wenn man gebraucht,
wenn einem mal der Kopfe raucht.
Hilft da, wo man nur kann,
und das freiwillig, ohne Zwang!
Ein off'nes Ohr, ein nettes Wort,
und schon sind alle Sorgen fort!
Oft eine nette Geste reicht,
kostet nix und ist ganz leicht.
Am besten schenk, was ich hier schreib:
Am besten schenkt man seine Zeit!
Kein Geschenk kann größer sein,
Jeder wünscht sich insgeheim
ein bisschen Zeit,
ein Ohr, ein Wort –
zur rechten Zeit, am rechten Ort!
Geschenkpapier kannst Du dir schenken,
es reicht das aneinander denken!

Gegessen
und doch nichts geschmeckt!
Gesehen und doch nichts gecheckt!
Gefühlt und doch nichts gedacht!
Getan und doch nichts gemacht!
Gehört, doch nichts vernommen,
bemerkt, doch niemals besonnen,
geschoben, doch nicht viel bewegt,
gesprochen, doch alles verdreht!
Geschrieben und nichts korrigiert,
geredet und nicht formuliert!
Gemalt, nicht signalisiert,
gemotzt, aber nicht demonstriert!
Gelernt, doch niemals studiert,
gelebt, doch niemals probiert!

Bin blind durch den Fluss des Lebens getrieben,
viel zu selten mal hängen geblieben.
Ich bleibe jetzt steh'n, schau ganz genau hin,
suche die Logik und suche den Sinn!
Erfreu mich an dem, was die Augen dort seh'n,
es gibt auf der Erde so viel zu versteh'n!

Schmecke! Checke!
Probiere! Studiere!
Formuliere! Korrigiere!
Signalisiere! Demonstriere!
Gedacht! Gemacht!

Was wir lieben
selten schieben,
wollen lassen
was wir hassen!
Versuch zu lieben, was du machst,
gesünder, wenn du dabei lachst!
Geht das nicht,
dann lass es liegen,
denn sonst bist du nie zufrieden!
Nur selten es nicht anders geht,
weil etwas dir im Wege steht.
Dann schaff das „Etwas"
aus der Welt,
damit sie wieder dir gefällt!

Wer immer alles

besser weiß,

passt nicht

in meinen Lebenskreis!

Die Haare grau, der Rücken krumm

Die Haare grau, der Rücken krumm,
noch quietschfidel und voller Schwung.
Ein heit'res Lächeln um den Mund',
ein bisschen kleiner, dafür rund -
1000 Runzeln im Gesicht,
doch das juckt mich weiter nicht!
Ich schau nach rechts, ich guck mich um,
meine Lieben um mich rum,
alle scheinen froh zu sein –
alle da, bin nicht allein!
Kaffee und Kuchen auf dem Tisch,
natürlich Himbeer und ganz frisch!
Gesund und munter feiern wir –
zum 90 sten sind alle hier!
Ist es ein Wunsch? Ist es ein Traum?
Ich kann kaum meinen Augen trau'n!
Doch! Ich glaube fest daran!
Es wird so sein! So kommt es dann!
Ich schaue auf das Jetzt zurück!
Erinn're mich dann an mein Glück!
Wie gut, dass ich schon früh verstand,
ich hab es selbst in meiner Hand.
Ich folgte stets dem Bauchgefühl,
es brachte mich durch das Gewühl!
Durch Sturm und Tief's und manche Flut,
es gab mir Kraft und ganz viel Mut!
Zufrieden lächelnd ess ich dann,
bevor ich folg' dem Harfenklang!

Ganz leicht und weich und wohlig warm,
legt er dann um mich seinen Arm!
„Ich weiß, ich hab es gut gemacht!"
drum kann ich gehen, wie's gedacht!
Noch ist es Wunsch, noch ist es Traum!
Ich spür ihn gut, den Lebensbaum!
Fühl jede Wurzel, jedes Blatt,
gespannt, was es zu bieten hat!
Ich leb' nur einmal 90 Jahr',
drum lieber nicht am Leben spar!

Ein kleiner Spatz

Ein kleiner Spatz,
von Ast zu Ast,
er baut sein Nest, macht niemals Rast,
er singt sein Lied,
er legt ein Ei,
bringt Freude uns den ganzen Mai.
Ein kleiner Spatz,
ist ganz allein,
im kalten Wind, kann nicht herein.
Doch hält er stand dem kalten Wind,
zu plustern er sich gleich beginnt.
Er hält sich fest an seinem Ast,
er nimmt es hin, er scheint gefasst –
er wartet ab, er trotzt dem Stoß,
er lässt den Ast gewiss nicht los!
Der Wind der kommt, der Wind der geht,
er hat den Spatz nicht weggeweht!
Er singt sein Lied,
er baut sein Nest,
er frisst das Korn, wenn man ihn lässt.
So klein und hilflos hat's den Schein,
doch hüpft er froh von Stein zu Stein!

Harzschnipsel

Yasmin Mai-Schoger

Gedichte und Geschichten aus dem Harz
inkl. der Geschichte vom „kleenen Brummer"

„Der wilde Mann"

ISBN: 9 783750 480032
erschienen im BoD-Verlag

Der Hausberg

Yasmin Mai-Schoger

Gedichte und Geschichten rund um die Achalm
inkl. dem Achalm-Märchen

„Der Hirte und die Schafstrauben"

ISBN: 9 783732289814
erschienen im BoD-Verlag

Die Achalm

Yasmin Mai-Schoger

Gedichte und Geschichten rund um die Achalm
inkl. der Achalm-Geschichte

„Ulm und der Ausflug auf die Schwäbische Alb"

ISBN: 978-3-7494-6851-5
erschienen im BoD-Verlag

Yasmin Mai-Schoger

Die Schwälbler

Geschichten von der Achalm und der
Schwäbischen Alb

inkl. der Gedichte "Die Nacht war kurz" und "Ganz weit oben"

Die Schwälbler

Yasmin Mai-Schoger

Geschichten von der Achalm und
der Schwäbischen Alb
inkl. den Geschichten aus dem Harz

„Ein Harznok auf Reisen"
„Ein Schwälbler bei den Harznoks"

ISBN: 978-3-750-41198-2
erschienen im BoD-Verlag

Weitere Geschichten / Gedichte von Yasmin Mai-Schoger

Gwendolyn lernt fliegen
Mitternachtsschmaus Hexen- und
Gespenstergeschichten
Anthologie
Wendepunktverlag

Pustelzwerg-Wildschwein-Wanka
Wünsch dich ins Wunderweihnachtsland Band 11
Anthologie
Papierfresserchen

Weihnachten bei den Harznoks
Wünsch dich ins Märchenland Band 10
Anthologie
Papierfresserchen

Nimsaya und der Regenbogen
Traumhelfer Geschichten
Anthologie
Net-Verlag

Der Veggitukka-Baum
Wünsch dich ins Märchenwunderland Band 2
Anthologie
Papierfresserchen

Die Harznoks